오늘의 문학 시인선 422

하늘에 뿌리 둔 나무

李 炳 錫　시집

오늘의문학사

국립중앙도서관 출판예정도서목록(CIP)

하늘에 뿌리 둔 나무 : 이병석 시집 / 지은이: 李炳錫. --
대전 : 오늘의문학사, 2018
p. ; cm. -- (오늘의문학 시인선 ; 422)

충청남도와 충남문화재단에서 지원금을 지원받았음
ISBN 978-89-5669-914-1 03810 : ₩9000

한국 현대시[韓國現代詩]

811.7-KDC6
895.715-DDC23 CIP2018014557

하늘에 뿌리 둔 나무

自序

내게 詩는 뭘까
저간의 時間 돌이켜 보니
목에 맨 넥타이 같다.
풀어 놓으면 목이 자유로운데
안 매면 허전한
不可近不可遠
피할 수 없는
平生知己라는 것.

매번 그렇지만 이번에도
주위 분들의 도움이 컸다.
깊이 감사드린다.

천주강생 이공 일팔 년 오월

1부

2부

3부

4부

5부

1부

'아가, 아가 그만 일어나!' 어머니 음성이 들렸다.

비로소 악몽이 그쳤다.

하늘에 뿌리 둔 나무

하늘에 뿌리 둔 나무,
그 게 사람이다.

땅에 씨 뿌리고 하늘에서 거두는 나무,
그 게 사람이다.

조금은, 조금은

갈비뼈가 부러져
옆구리를 창으로 찌르는 통증이
눕지도 일어나지도 못하게
문밖출입도 못하게 꽁꽁 가둔 뒤에야
술 퍼먹고 객기 부리던 하루,
속물로 나자빠진 날이 통탄스럽다.
지지리도 못난 푼수가 주제파악도 못하고
피도 눈물도 없는 세파에 대고
헛손질 헛발질 해대다가 제대로 큰코다쳤다.
아픔이 사람을 만드는지
코도 함부로 못 풀고 숨도 크게 못 쉬는
극심한 통증이 옥죄어 오는 동안
죄도 없이 가시관 쓰고 손발에 못 박히고
옆구리를 무참히 창에 찔린
그 분의 통증이 얼마나 큰 사랑인지
조금은, 조금은 알 것 같다.

쓰레기를 주우며

식전 댓바람에 쓰레기를 줍는다.
밤새 어질러진 길거리, 주택가
참 많이도 휘질러 놨다.
쓰레기를 보니 지난 日常이 시나브로 다가온다.
잘 버리는 일도 잘 사는 한 방편이거늘
버려진 양심을 줍는다.
누군가의 허물을 지우는 일도 적덕일터
몸 굽혀 쓰레기를 줍는다.
허리 굽히지 않고는 마음 낮추지 않고는
쓰레기를 주울 수 없으니
쓰레기를 줍는 일도 큰 수양이다.
쓰레기는 드러난 허물, 時代의 뒷거울
조심스레 거울을 닦는다.

1회용 컵의 遺言

한번 뿐인 목숨이지만 만나 반갑습니다.
버리실 때 저는 구기더라도 자신에는 그러지 마십시오.
해야 할 좋은 일들이 많이 기다리고 있잖아요?

찰나의 운명이지만 만나 반갑습니다.
버리실 때 저는 밟더라도 이웃에는 그러지 마십시오.
함께 손잡고 갈 때 세상이 환해지잖아요?

한번 뿐의 기회이지만 만나 반갑습니다.
버리실 때 저는 망가뜨리더라도 세상에는 그러지 마십시오.
함께 더불어 살아가야 할 모두의 세상이잖아요?

視力 2017

丁酉年 六月 갑자기
눈이 침침해졌다.
한 時辰 가량 안 맞는 돋보기를 쓴 게
화근이었다 안과에 가봤지만 노안이라고
뾰족한 방법 없다고 잘라 말했다.
아뿔사! 이제껏 잘 버텨왔는데
노안이라니 뾰족한 방법이 없다니
순간의 방심이 시력을 망쳤다.
갈수록 눈은 더 침침해졌다.
그런대로 보이던 활자마저 독해불능!
몇 달 속 끓이다 깨달았다.
때가 되었느니, 이제껏 볼 것 못 볼 것
다 보았으니 이제부터는 볼 것만
살펴볼지라, 잠시잠시
소중한 것들 살뜰히 살필지라
味知의 視力이 소생하기 시작했다.

다시 한해를 보내며

한 해 막바지
日常이 많이 헐거워졌다.
되돌릴 수 없는 時間,
다시 조일 수 없는 時間의 나사를
있는 그대로 묻어 두어야겠다.
묵은 신문지 속에서도 살아있는 활자처럼
지워지지 않을 내 한 해
타임캡슐에 어떻게 남길지
고민하지 않겠다.
지내온 하루하루 그대로 넣어 두어야겠다.
끓는 용암 속에서 단련된 화석처럼
더없이 귀하고 견고해지길 빌며, 빌며!

毒感 2018

밤사이 화적떼가 쳐들어 왔다.
全身에 불을 질렀다.
熱은 오르는데 全身이 춥고 떨렸다.
大寒 무렵 떼거리로 몰려든 오랑캐가
四肢를 쥐락펴락 정신 못 차리게 한다.
용하다는 의원을 찾았다
이것저것 내주는 처방대로 다 해봤지만
별반 차도가 없다
화적떼, 오랑캐 난동은 계속되고
몸은 숯가마 속에서 자지러질 즈음
'아가, 아가 그만 일어나!'
어머니 음성이 들렸다.
비로소 악몽이 그쳤다.

고백 2018

저는 사기전과가 있습니다.
30 년이 넘은 일입니다.
내게 시집오면 안방마님으로 깍듯이 모시겠다고
철석같이 약속했었습니다.
그러나 지금까지도 못 지키고 있습니다.
그나마 다행인 것은 집사람이
사기죄가 형법 몇 조 몇 항인지 잘 몰라
기소를 못하고 있다는 사실입니다.
하지만, 불안하기도 합니다.
혹여 누가 집사람에게 바람을 넣어
변호사를 붙여 기소할지도 모르기 때문입니다.
요즘은 집사람 눈치 보는 일이 주 업무입니다.
눈치가 이상하면 설거지부터 자청합니다.
집안 청소는 말할 것도 없습니다.
사람 눈치 보는 일이 여간 어려운 게 아닙니다.
집사람이 나타나면 몸부터 경직됩니다.
죄짓고 살 일이 아닙니다, 다시 태어나면
다시는 사기 치지 않겠습니다.

이벤트 2018

2018년 1월 1일
시설팀 김 팀장이 응급실 신세를 졌다.
응급실 전문의 왈 '요로결석의증'
X레이 찍고 피 빼고
오줌을 받아오라는데 오줌이
안 나온다 수차 시도해봤지만
나오라는 오줌은 안 나오고
진땀만 흐른다. 시간은 자꾸 흐르고
결국, 강제로 요도에서 오줌을 채취했다
연일 야근에 긴급 작업은 쉴 틈 안주고
과로는 만병의 근원이거늘
누차 경고했건만 말 안 들었다고
김 팀장 부인이 한 마디 했다.
"신년 이벤트 잘 하셨소!"

立春大吉을 고대하며

기억자로 눌린 아침
니은자로 풀어야 할 오후
문자 한 통을 받았다.
[다음카페] 김정규의 암투병기 제1부
고향친구의 폐암 3기말 투병기였다.
절절한 지난 삶의 소회와 후회가
A4 열 쪽 넘게 담겨 있다.
사람, 술 담배 그렇게도 좋아하더니
미음자 병실에 갇혀 있단다.
나 역시 암 투병 전력이 있으니
그 심정 오죽할까 알고도 남는다.
하루하루가 새날이고 살아 있는 오늘이
얼마나 감사한지 친구도 느끼고 있을 터
보름 후면 立春大吉,
머잖아 진달래 피고 개나리 만발할 터!
낼 모레 숨 거둘 호스피스 병동
그 창문에도 햇살은 돋느니
친구여, 너무 상심 마시게!

입춘 지나 우수 경칩이니 그 때
개구리 도약하듯 힘차게 걸어 나오시게!

아내는 외출중

갈비뼈가 부러지면서
내 일상도 부러졌다.
숨 쉴 때마다 옆구리가 결린다.
앉고 서기도 예삿일이 아니고
바깥출입이 차단되니 숨 막힐 것 같다.
좁은 줄 모르고 잠 잘 자던 방이
쥐구멍 속 같다.
멍하니 천정만 바라보다가
뚫어지게 벽만 응시하다가
낯선 TV를 켜고 낯선 드라마를 본다.
중동만 자른 줄거리가 재미없다.
TV 혼자 노는 동안
깜박 잠들었다가 깼다.
갈비뼈가 허전하다.
아, 오늘도 아내는 외출중이다.

20170310

탄핵이 끝났는데도
촛불군중 태극기군중이 生居地를 점령하고 있는
붉으락푸르락 날선 숨 참지 못하고 있는
여백 없는 이 화선지에
太古 이래 먹은 맘 없이 살아온 순백의
天地만한 白紙를 그려 넣고 싶다.

내게 쓰는 편지 2017

참, 오랜만이네.
밥 잘 먹고 술 잘 마실 때는
주머니 사정 괜찮을 때는
안부도 뜸했는데
또 만났군!
미안지심도 있지만 반갑기도 하네.

세월 이기는 장사 없다잖는가?
재취업 삼년 만에 나이 잣대로
또 넘어졌지만, 상심 말게
사지 멀쩡하고 이치 분별할
聽氣는 아직 남아 있잖는가.
아직 가슴이 뜨겁잖는가.

궁즉통이네, 넘어지는 것은
다시 일어설 명분이잖는가?
쓰러지는 것은
딛고 일어설 기회잖는가
이 없으면 잇몸이니

정신줄 바짝 들어쥐고

체력단련에 좀 더 힘써 주시게!

膳物 2017

귀 빠진 날 새벽
東窓으로 表具한
큰 선물을 받았다.

圖式化 된 時間,
圖形化 된 人物,
靜物畵 된 時代에

생동하는 山川, 풀 꽃 나무
온갖 살아 있는 목숨들
東窓 가득 끌어안은 生畵!

미세먼지 가득한 시멘트 숲에 갇혀
가는 숨 할딱이다

다시 밝아오는 하루,
선물을 받았다
지극히 거룩한 하늘로부터!

막걸리 三行

(최근, 낮 밤 구별이 잘 안 된다.)

내가 나를 잊고 방심하는 동안
애써 가꿔온 내 밀밭에
객기, 일탈, 안일, 나태, 무절제의 가라지들이
버젓이 안방을 차지하고 들어앉아
네 활개를 펴고 기고만장한 이 사태,
수습할 방책은?

막돼먹은 행투리, 바른길에
걸림돌이 되는 모든 것들
리어커에 실어 천길 불속에 쳐넣는 수뿐!

(이 길 말고 다른 길은 없을 터
日蝕이 시작되기 전 속히 서둘러야겠다.)

치매 주의보

하릴없이
백지만 펼쳤다 접었다 한나절
넋 놓고
손가락 관절만 꺾었다 폈다 한나절
굉음으로 질주하는 차량소음도 안 들리고
무시로 스쳐가는 인기척도 눈에 안 들어온다.
망치소리, 연장 부딪히는 소리
타닥타닥 자판기 두드리는 소리
환청에 시달린다.
치매다, 일 치매다.
멀쩡한 사람도 일손 놓고 몇 달
할 일 없이 뒷전을 맴돌다 보면
정신줄 우둔해지고 행동도 굼뜨게 된다.
그렇게, 반년 넘게 지나갔다.
치매가 더 깊어지기 전에
白癡가 되기 전에 서둘러
李箱의 '날개'를 꺼내 읽어야겠다.
'날개'를 찾아야겠다!

告白 2017

每事 心亂하여
손바닥만 하지만 그럭저럭 가꿔오던
詩田畓을 묵혀 두었더니
안일 나태 체념 방기 무위도식
온갖 雜草가 창궐하여
묵정밭이 되고 말았다.
호미는커녕 길 잘든 삽날도 안 먹힌다.
터전을 점령한 잡초 뿌리들이
점령지 사수 투쟁의지도 완강하여
전의를 상실하고 말았다.
이제, 비가 오거나 눈이 오거나
빼앗긴 전답 두렁길 배회하다가
인근 묘펄에서 한뎃잠 자다가
와신상담, 비장의 무기를 품고
주기적으로 뜨는 내 별이 밤 밝히는 날
기필코, 내 영토를 되찾아야겠다!

밥값

먹은 만큼 일해야 한다.
밥값, 그게 다 인줄 알았다.
아니다.
그 밥이 있기까지
땀 흘린 농사군의 수고,
밥 지은 이의 정성
그에 앞서,
그 밥이 있기까지 모든 일을
섭리하신 분의 은총에
머리 숙여야 한다.
하늘에 감사하고 사람에게
고마워해야 한다.

먹은 만큼 감사해야 한다.

푸른 壽衣 2017

유례없는 봄 가뭄
때 이른 폭염,
그칠 줄 모르는 철지난 늦장마
수백 년 농다리도 떠내려간
기습 폭우,
2017 氣象計況
와중에
쓰러져 눕지도 못하고
등 뒤로 푸른 壽衣를 걸치고
엉거주춤 서있는
鳳棲山 산발치 상수리나무
네 이름은 베이비부머.

2부

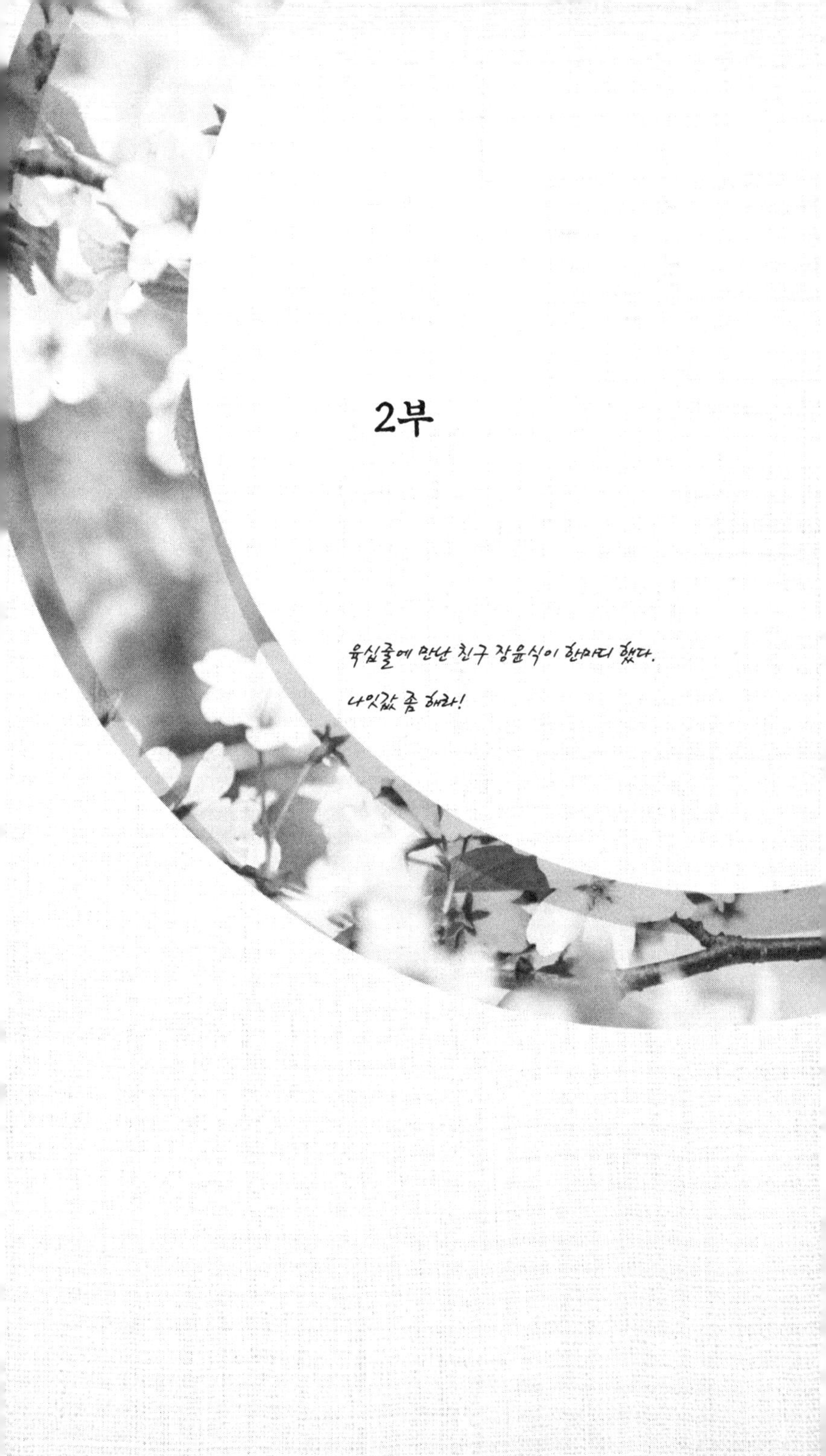

육십줄에 만난 친구 장윤식이 한마디 했다.

나잇값 좀 해라!

병원일기 4

병원에 와서 많이 배웠다.
鬪病은 鬪病을 부르고
親病은 온전한 치유를 선물한다는
지극히 평범한 이치를.
병으로부터 자유로워지려면 병을
적대시할 게 아니라 끌어안아야 된다는 것
다정한 친구처럼 보듬어 안고
매일매일 쓰다듬어주다 보면 어느새
병은 표독한 발톱을 접고
슬며시 떠난다는 것
병으로부터 자유로워질 수 있다는 것
온전한 치유법을 깨달았다,
병원에 와서.

병원일기 5

재활병원 환자에겐 딸린 식구가 많다.
의사 간호사 치료사 그리고
고락을 함께 해온 보호자 수족같은 간병인
어느 누구도 소홀히 할 수 없는 식구,

해돋이에서 해넘이까지
달맞이에서 달배웅까지
무수한 별들이 지켜보는 동안
공유하는 체온,

내게도 딸린 식구가 많다.
어느 한쪽 소홀히 할 수 없는
처자식 동기간 일가친척 친지 이웃
나 역시 영락없는 재활병원 환자!

나잇값

근년 들어 눈이 침침하다.
책 읽기도 불편하다.
언제부터인가 몸이 말을 듣지 않는다.
날 궂을라치면 어깨가 쑤시고
관절이 삐그덕거린다.
몸에 변고가 일어나고 있다.
앞만 보고 치달아온 세월
이제, 앞이 침침하다, 캄캄하다.
어쩌다 이 지경에까지 이르렀는가
허방만 짚고 살아왔는가
돌아보면 기워 갚을 일도 많을터
저간의 세월이 쓰나미로 다가온다.
앞갈망을 몰라 주춤거리는 내게
육십줄에 만난 친구 장윤식이 한마디 했다.
나잇값 좀 해라!

持病

오늘도 일 마치고 친구와
막걸리 한잔 했다.
무탈한 일상이었다.
이십 오육년 전 노사분쟁 극심할 때
한 친구를 만났다.
〈심실성 빈맥〉
심장마비 영순위라는 이 친구와
입퇴원을 반복하며 극심한
몸싸움을 벌였다.
쉽게 승패가 가려지지 않는 지구전,
결과, 죽을 때까지 약을 먹어야 한다는 것.
십 수년 후 또 한 친구를 만났다.
〈고도선종 플러스 위암〉
또 한번의 전투가 벌어졌다.
수술, 투약, 정기검진…,
그때 깨달았다 대립은 대립을 낳고
화해는 평화를 낳는다는 것
투병이 아니라 친병이어야 한다는 것
그때부터 약을 끊고

친구들과 막걸리 한잔 나누면서
평생지기로 지내기로 했다.
이제, 만사 화평하다!

무두장이의 노래

세상 온갖 기름진 것들, 탐욕과 오만과
볼썽사나운 갖은 갑질들
저 하와이 살아 펄떡이는 킬리우에아
푸우오 화구에 던져버리리라
고슴도치 터럭보다 더 표독한
권력세습 재벌세습 직장세습
세상 온갖 터럭들 솜털까지 뽑아
저 인도네시아 탕구반 프라우 화구에
므리바 화덕 깊숙이 쳐넣으리라
하여, 맨살만 남은 세상 본디 살
가장 순결하고 온전한 살결로 다듬으리라
철면피, 후안무치, 인면수심
짐승 같은 세월 다 걷어내고
뱁새가 황새 되고 개천이 용천배기가 되는….

— 요즘 나는 이런 꿈을 꾸고 있다.

응원

그동안 나는 지는 쪽을 응원해 왔다.
안타깝게도, 매번 지는 쪽을
일편단심 응원해 왔다.
요즘 나는 이기는 쪽을 응원하고 있다.
승승장구 패배를 모르는 쪽을
열심히 응원하고 있다.
그들은 져본 적이 없었으므로,
그동안 경험으로 미루어 보건대
내가 응원하는 쪽이
이기는 꼴을 보지 못했으므로!

땀내, 꿈

하루에도 수도 없이 스치는
사람과 사람 사이
땀내에도 노소가 있고 성별이 있다.

꽃피는 봄 지나 여름 지나 가을 무렵,
한겨울 땀구멍이 막혀 향도 없어질 무렵,

물오르는 새순이던 때
왕성한 이파리로 펄떡이던 때
단풍들어 까만 씨만 남을 때

그 시절 그 땀내 다 끌어안고
풍란이 되는 꿈을 꾼다.

길치의 呼禱

잘 모르겠습니다.
한 갑자 넘게 살아오면서도
사방 팔방 십육방 길림길에 설 때마다
머릿속이 하얘집니다.
참 길이 어딘지 제 길이 어딘지
확신이 안 섭니다.
태초에 길을 여신 분,
참 길의 주인이시여,
완고한 저의 길치를 깨뜨려 주십시오!
더는 유혹에 들지 않도록
제 길에 대못을 박아 주십시오.
火印을 찍어 주십시오!
바라옵건대,
오롯이 제 길만을 찾아 가도록
제 길눈을 밝혀 주십시오!

知命

불에 녹인 찰나의 시간과

물에 녹인 천년의 시간이

하나임을 깨닫는 것!

耳順

뙤약볕, 진장마
선선히 보듬은
모시적삼 한 벌,

황톳길, 진흙펄
휘돌아온
베잠방이 한 벌,

모시만큼 짬진 세월
삼베만큼 질긴 세월
耳順,

失職 2016

겨울에 왔다가 겨울에 떠나는
새로나 재활병원,
다시 일 나갈 수 있을까, 봄쯤엔?

마지막 달에 왔다가 첫 달에 떠나는
새로나 재활병원,
다시 땀 흘릴 수 있을까, 새 달엔?

3부

아흔 다섯 큰누님이 전화를 하셨다.

동상, 워치기 지내? 궁금해서 전화 했어

물벼락, 立春

2015 乙未년 立春일 아침
물벼락 맞았다.
고장난 변기를 손보려고 조인 나사를 풀려는 순간
녹슨 수도관이 부러지며 물벼락이 쏟아졌다.
立春大吉, 온몸이 물걸레 됐다.
올 한해 젖은 日辰으로 살 징조일지
메마른 日常 촉촉이 적셔줄 징조일지
이렇듯 立春을 맞았고 冬至는 아득하니
심기일전 행보를 다잡아야겠다.
자고로 예고된 벼락은 없느니
뜻밖의 물벼락도 상서로울 징후로 믿어
하루하루 걸음걸음 살피고 또 살펴야겠다.
耳順의 체온이 젖은 옷을 말리는 동안
하늘 한 번 더 쳐다보고
땅 한 번 더 둘러보고
가족 친지 이웃 살갑게 챙기는
벼락 맞은 대추나무가 돼야겠다.

사랑초 2015

죽었다가 깨어난 꽃을 만났네.
잡다한 세속사에 묻혀 갈망 없이 헤매다
사람 굴헝에 빠져 허우적이다
문득 정신이 든 어느 새벽,
베란다 한켠 둥근 질그릇 화분에서
어둠 비집고 일어선 자줏빛 하트,
죽어지낸 겨울 벗고
죽었다가 깨어난 친구를 만났네.
늦가을 이후 너무 무심했지.
이따금 챙기던 물주기도 잊고
소한 대한 추위에도 내 몸만 감쌌지.
봄이 온 뒤에도
얼어 죽었을 거라 단정짓고
자세히 살펴보지도 않았지.
그렇게 죽은 줄로만 알았던 친구는
무관심 무성의로 방기한 내 허물을 뚫고
거대한 도시의 회색 심장을 뚫고
당당히 스스로의 존재를 드러냈지.

질그릇 무덤 헤치고 부활했지.

죽었다 깨어난 내 벗 사랑초!

아지랑이 2015

곡우 지난 며칠 후
아흔 다섯 큰누님이 전화를 하셨다.
-동상, 워치기 지냐? 궁금해서 전화 했어
뜨끔했다 바쁘다는 핑계로 올 설 명절엔
찾아뵙지 못했다 너무 죄송스러웠다.
사월 마지막 날, 큰 맘 먹고 찾아뵈었다.
동생 온다는 소식에 문간까지 마중 나와 계셨다.
-바쁜디 뭘 찾아으느라고…, 전화만 해도 되는디
얼굴에 봄기운이 완연하다.
이런저런 집안 얘기 하다가
먹고 살기 고달프다고 푸념하다가
일어서는 손을 쉽게 놓아주지 않는 누님,
아흔 다섯 밭고랑에 스멀스멀 아지랑이 피어오른다.
꼭꼭 싸맨 들기름 한병 챙겨주시는 누님을 뒤로하고
아지랑이 속을 헤쳐 나오는 차창이 뿌옇다.
벌겋게 충혈 된다.

꽃보다 막걸리

어버이날 전날 저녁 아들이
꽃을 사오겠다고 나섰다.
말렸다, 꽃보다 막걸리다
너희, 발효된 시간을 보고 싶다
꽃은 맘만으로 충분하다
가슴 항아리 속 부풀어 오르는
늫쳐온 세월을 어찌 말로 다하랴
막걸리 한잔 깊은 곰삭임에
밤새워도 좋으리
앞길이 구만리장천인 아들아,
아들아, 꽃보다 막걸리다!

약비 2015

탁한 봄가뭄에 비가 내렸다.
가시지 않는 건조주의보,
푸석푸석한 대지에 단비가 내렸다.

....

첫 정을 날려 보낸 노란 하늘
미세먼지 가득한,
큰애 처진 걸음에 약비가 내렸다.

人生 二毛作

여기에다 뭘 심을까?
벼농사 큰 재미 못 봤고
과수농사도 별 재미 못 봤고
자식농사도 그저 그런 형편에
이제, 여기에다 뭘 심을까
수십년 사발농사 피농했으니
손바닥만한 남은 농사가 걱정이네.
더는 물러설 곳도 선택의 여지도 없는데
선뜻 마땅한 작물이 떠오르질 않네.
옆집 친구는 여행이나 다니면서 세상구경 맘껏하고
제 몸 챙기는데 힘 쓰겠다 하고
또 한 친구는 공공시설에서 봉사하며 여생을
값지게 갈무리하겠다고 야무지게 포부를 밝히는데
[재개발구역] 팻말 앞에서
내 인생 二毛作 뭘 심을까?

壁에도 눈이 있다

벽에도 눈이 있다는 걸 새벽에야 알았다.
전기장판 코드를 뽑았다.
벽이 두눈 부릅뜨고 노려보며 말했다.
주제에 따숩게 자?
할 일 많고 쓸 일 많고 치를 대사 많거늘
쥐꼬리만큼 벌이도 시원찮으면서
어쩌자고 에너지를 낭비해?
역정이 나 한마디 했다.
이 벽이 어떻게 세워졌냐?
먹도 입도 못하고 산업현장에서
피땀으로 세운 베이비부머의 산물이거늘!
여기저기 고장난 삭신을
날바닥 냉골에 뉘란 말이냐
겨우겨우 환갑까지 버티며 살아왔거늘!
그랬더니 벽이 말했다.
환갑? 백세시대에 오줌 싸고 있네!

간지럼을 타고 싶다

간지럼을 탄 지가 아득하다.
유난히 간지럼을 잘 타던 숫배기가
더께진 세월이 안면을 감싸면서
감각을 상실했다 염치마저 무뎌졌다.
뭇시선에도 고개 빳빳이 세우고 걷는다.
겨드랑이 밑에 꼭꼭 숨어 지내던 숫기가
버젓이 터미널광장을 가로지르고 있다.
뻔한 일상 속에서 낯간지럼도 잊고
관성으로 일과를 마친다.
빈손으로 귀가하면서도 군시렵지가 않다
언제부터인가 나병이 전신에 퍼져있다.
아, 간지럼을 타고 싶다!

三友頌

산,
당신의 체온을 덮고 잠들면
세상이 다 푸근하다.

강,
당신과 손잡고 가는 여행은
무박 열흘도 피곤하지 않다.

바다,
당신과 가슴을 맞대고 있으면
천지가 다 내 것이다.

아버지의 달

아버지의 달은 서쪽에서 뜬다.
식구들이 곤히 잠들어 있는 동안
밤샘 야근으로 충혈된 달은
동해바다 깊숙이 잠수했다가
아무 일 없었다는 듯
여명의 햇살로 동창을 연다.
노동의 피로가 근육 켜켜이 쌓였어도
결코 겉으로 드러나는 법이 없다.
식솔들이 있는 한 결코 질 수 없는 달,
묵묵한 빛으로 하루를 갈무리하는 달,
서녘 땅거미에서부터 아침을 준비하는
아버지의 달은 그렇게 서쪽에서 뜬다.

말에도 빛깔이 있다면 1

말에도 빛깔이 있다면
지금 내 말은 어떤 빛깔일까
어제는 무슨 색이었을까
내일은 또 어떤 빛깔일까
무색무취의 氣體型은 어떨까
부존재의 존재,
하잘것없는 것으로부터의 탈출!
말에도 빛깔이 있다면 내 말은.

말에도 빛깔이 있다면 2

- 말에도 빛깔이 있느니
한 어른은 이제와 헤어질 무렵
(고맙습니다. 감사합니다)
주광색 엘이디 구십 촉광 빛을 발하셨는데,
무지로 보낸 세월 돌아보니
(미안합니다. 죄송합니다)
자줏빛 悔言뿐
빛바랜 낙엽 한 잎 건지기도 쉽지 않으니….
늦저녁을 먹으며 기원했다.
아들아, 너희만은 말 한마디 한마디가
광활한 대지의 더없이 싱싱한
초록빛이기를!
황촛불 타는 가슴으로 빌었다.

까꿍!

회갑 맞은 이웃 축하차
먹자골목 퓨전횟집에 들렀다.
막노동꾼 회사원 백수가 스스럼없이 어울리는
식탁에 갓 썬 낙지가 육탄시위를 하는 사이
늙수구레한 탁발승이 다가와 돈 천원을 청한다.
가볍게 시주에 응하는데
'하느님 감사합니다' 인사하는 스님 등 뒤에서
오래전 길에 버려진 한 아이가 두 눈 동그랗게 뜨고
까꿍!
기저귀도 안 찬 채 알몸으로.

남원포 유감

물이 그 물이 아니다.
달이 숨쉬는 대로 들고 나던
맛깔스런 그 물이 아니다.
삽교천 방조제가 떡 가로막고 선 이후부터
남원천은 맹물로 가득찼다.
물때마다 숭어 준치 펄떡이던 갯물은 떠나고
덕적도 거쳐 제물포로 향하던 똑딱선도 떠나고
마셔도 마셔도 헛배만 부른
맹물이 똬리를 틀고 들어앉았다.
밤길 밝히던 달빛도 등 돌렸다.
밀물도 썰물도 없으니 할 일도 사라지고
사람들은 먼산바라기만 하고 있다.
출항 때마다 활기 넘치던 남원포구는
맹물 깊숙이 가라앉았다.
꼼짝 않고 배만 불리고 앉아 있는
이름도 사라진 남원포구 둑방에 서서
멈춰버린 발길의 향방을 찾는다.

병원일기 1

미숙과 성숙이 한데 어우러
아프지 않은 세상이 살맛나는 세상인 줄
왜, 진작 깨닫지 못했을까

병원 옥상 나뭇가지에 앉아
번잡한 시가지를 내려다보고 있는 고추잠자리
날개에 젖어드는 가을햇살에서
왜, 진작 아프지 않은 세상을 깨닫지 못했을까

향교1길 130-23 새로나병원 현관 앞에서
성명 미상의 한 환우가 말했다.
아파 봐야 아픔을 아느니!

병원일기 2

꺼멓게 건조한 시간이 병상에 누워 있다.

누렇게 빛바랜 시간이 병상에 앉아 있다.

허옇게 멀쩡한 시간이 저들을 간병하고 있다.

퍼렇게 껌벅이는 시간이 저들을 돌보고 있다.

스스로의 색깔은 접어두고
청색 가운을 입은 결연한 시간이
병든 시간을 평범한 일상으로 돌려놓기 위해
깊이 고뇌하고 있다.

얼마나 남았을까
아프지 않은 내 시간은?

병원일기 3

(나만 봐 달라고, 휠체어 한 대가 몽니를 부리고 있다.)

멱에 찬 욕심까지 다스려야 하는구나
의술이란, 인술이란
보이는 상처만 치유하는 게 아니라
부러진 팔다리만 고쳐 주는 게 아니라
끝없는 욕심까지도 끌어안아야 하는구나.
다친 데는 쓰다듬어주고
맘 상한 데는 어루만져주는 것
의술은 그런 줄 알았는데
갖은 욕심 다 부려도 허허허 다독여주고
생떼를 써도 묵묵히 감싸주는 것
그런 게 의술인 줄 인술인 줄
병원생활 수년 만에 깨달았다.

(오늘도 휠체어 한 대가 어깃장을 놓고 있다.)

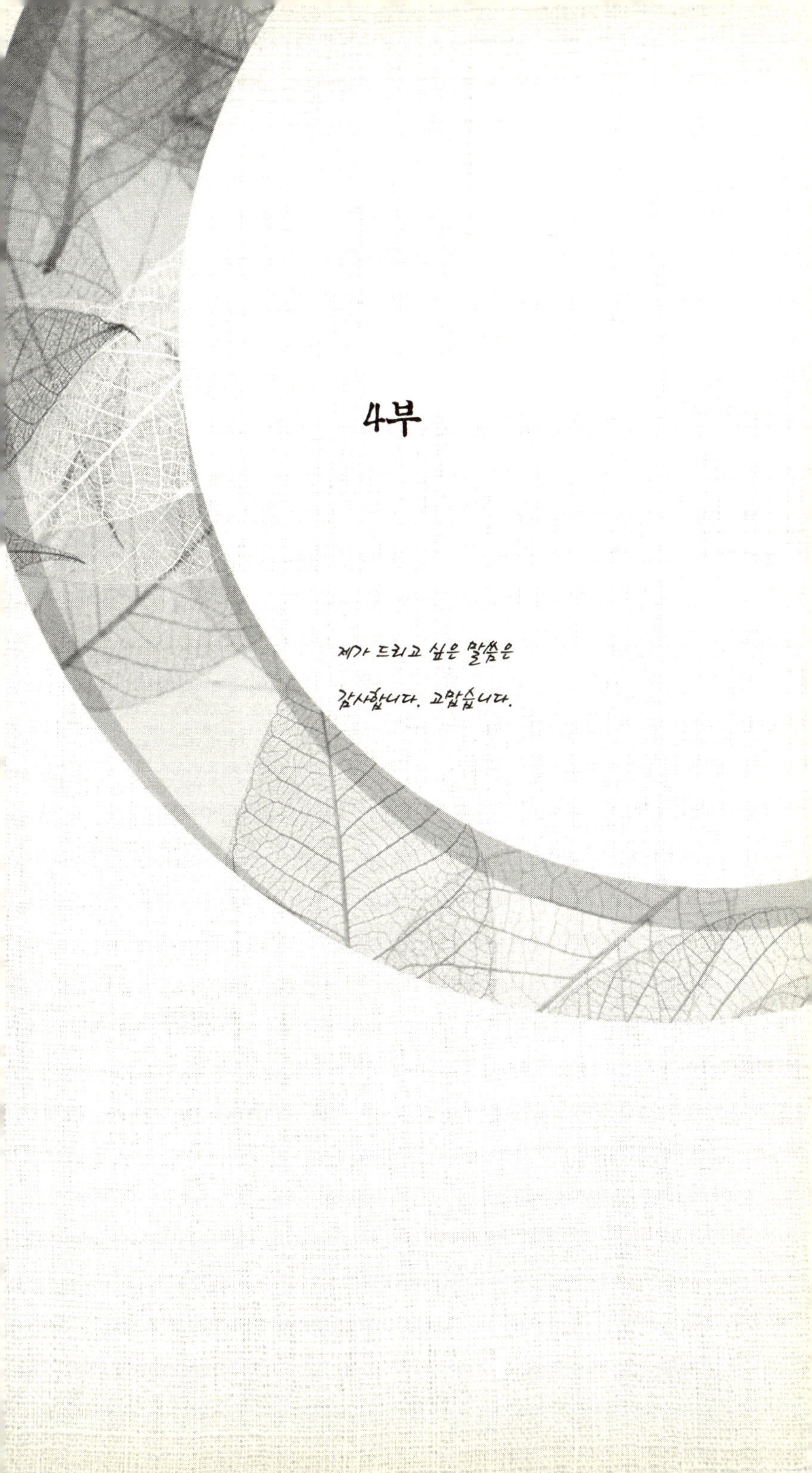

4부

제가 드리고 싶은 말씀은

감사합니다. 고맙습니다.

제 말은

제 말은
감사합니다. 고맙습니다.

제가 드리고 싶은 말씀은
감사합니다. 고맙습니다.

죽어도 후회 않을 말은
감사합니다. 고맙습니다.

無骨凡生, 그나마

생겨먹은 게 두루뭉술해서 특출난 것도 없고
사는 푼수가 오종종해서 내세울 것도 없고
하루하루가 애먼글먼 종종걸음이니
달이 차나 해가 차나 체에 거르면
건더기 하나 없이 맹물만 줄줄 흘러내리는
無骨凡生, 목숨은 붙어 있어 해는 뜨고
알속 없어도 새벽부터 부지런떨고 있네.
웬만하면 소갈머리 주변머리 하나쯤은
챙길만 하건만 태생이 우둔하여 꿈박이고
그나마, 새벽부터 부지런떠는 속가량은
새벽 별빛 그득한 우물물 한 두멍 채우고
푸짐한 아침놀 한상 차려 내려 함이네.
無骨凡生, 그나마 식솔들 배곯리지 않고자함이네.
누가 보기 전 첫 아침햇살 한껏 그러모아
오지게 챙겨볼 속셈이라네.
더도 덜도 말고 식구 몫만큼만 챙겨볼 속셈이라네.

耳順 무렵

등 굽은 길 잰걸음으로 하루를 넘다
팔 부러진 샛길에 들다
하룻길 백리 못미처 주저앉다
오기로 두 발 꼿꼿이 세워보지만
천근 어깨에 눌려 넘어지다
마음만 앞서 가고
육신은 땅 꺼지게 가라앉다
耳順 무렵,
밤은 질러오지만
새벽은 구부러진 비탈길로 휘어지다.

재활 연습기

새로나 재활병원 지하 2층 열전기치료실 세면기 수도꼭지가 고장났다.
육년 육개월 동안 쩍 눌어붙은 잠금쇠 틀쇠를
대체로 볼펜만 굴려먹고 살아온 내가
공구 하나 다룰 줄 모르는, 이름조차 제대로 모르는 내가
녹슬대로 녹슨 수도꼭지 고정틀쇠를 풀어내려고 안간힘을 쓴다.
일 미터 남짓 높이의 세면기 밑 좁은 공간에서
이리 부딪고 저리 부딪히며 용을 써보지만 꿈쩍도 않는다.
땀은 비 오듯 쏟아지고 풀릴 기미는 보이지 않고 약 올리듯
겉돌기까지 한다. 난감 난망 낭패의 극치다.
진퇴양난에서 벗어나고 싶다. 닥친 순간을 모면하고 싶다.
쏟아지던 비지땀이 식은땀으로 등줄기를 흘러내리는 순간.
한 甲子 가까이 숨죽이고 있던 본성이 활화산처럼 솟구쳐 올랐다.

온몸이 불덩이처럼 뜨거워지면서 머리끝에서부터 발끝까지
전율이 흘렀다. 제3의 에너지가 벅차오르며 전신에 생기가 솟는다.
공구를 잡은 양손에 다시 힘이 솟고 힘줄이 부풀어 오르는 순간
마침내 잠금쇠가 열리고 틀쇠가 풀렸다. 맥도 풀렸다.
재활, 재활을 배우며 철들어간다.

행복합니다, 바라옵건대

— 새로나 재활병원에서

서있는 제가 행복합니다.
앉아 있는 제가 행복합니다.
누워 있는 제가 행복합니다.

바라옵건대,

누워 있는 제가 앉아 있게 해주시고
앉아 있는 제가 서있게 해주시고
서있는 제가 맘껏 활보하게 해주십시오!

살아 있는 오늘이 다시없듯
오늘 없는 제가 다시없기 때문입니다.

깽깽이풀*

밤과 낮 사이 깊은 골짜기
촛불 하나 타오르고 있네.
至尊을 닮은
황촛불,
큰 산 한아름 보듬고 있네
비바람 눈보라 뇌성번개
끌어안고 있네.
칠년대한 극심한 가뭄도
폭풍우 산사태 장대비도
다 끌어안고 있네.
여리나 강인한 생명력으로
깽깽이풀 제 몸 불사르고 있네.
활활 세상 밝히고 있네..

* 깽깽이풀 : 야생화로 꽃말은 '안심하세요.'

祈禱 2014

— 새로나 재활병원에서

철나게 해주십시오!
한 甲子 살고도 철부지로 허송세월하고 있는
몽매한 이 무지를 깨뜨려 주십시오.
반신불수의 몸으로도 꼿꼿이 세상을 지탱하고 있는
굳은 혀로도 곧은 말 똑똑히 전하고 있는
혼절한 정신으로도 똑바로 하늘을 바라보고 있는
저들의 튼실한 다리와
저들의 정직한 혀와
저들의 강인한 정신을
저희 전신에 불 洗禮로 쏟아 부으십시오!
멀쩡한 다리로 갓길로 들고
멀쩡한 입으로 모함을 일삼고
멀쩡한 눈으로 남의 허물만 들춰내는
오만과 편견과 독선을 바수어 주십시오!
바라옵건대,
갖은 모략과 비방과 불의로 병들어가고 있는
허우대만 멀쩡한 이 世代에
굽은 다리 펴게 해주시고
닫힌 귀 열리게 해주시고

감긴 눈 다시 뜨게 해주십시오.
불편한 몸으로도 열심히 재활에 힘쓰고 있는
저 순박한 영혼들의 간절한 기원처럼
저희도 철나게 해주십시오!

이안류 주의보

사랑하는 친구여, 안녕하신가?
화이트칼라에서 그린칼라로 변색한 친구여
나는 새도 휘어잡던 악력과
일기당천의 무쇠 근육을 아쉬워 말게
맨몸으로 밥술이나 먹을 만큼 이룬 것
베이비부머들의 운명이었던 것
물불 가리지 않고 치열하게 살아온 세월
긍지만은 고이 간직하시게
디지털시대에 말려 퇴직한 것
아날로그시대의 화석이 된 것
아쉬워 말게 부러워도 말게
다만, 과거의 이안류를 조심하게!
왕년의 영화는 무덤속 시간의 주검일 뿐
오늘의 복은 오늘의 파도에 실려 온다네
산전수전 다 겪어온 우리가
그린칼라면 어떻고 블루칼라면 어떤가
처자식 멀쩡하고 몸 성하면 됐지
이만큼 소일거리가 있으면 됐지
화이트든 블루든 다 무슨 소용인가

사랑하는 친구여, 다시 일하는 친구여
이안류를 조심하시게, 부디
오늘의 바다에서 평안하시게!

가을비를 맞으며

凋落의 바다에 쏟아지는 화살
촉촉하게, 뼛속까지 시리게
스미듯 파고드는
덜 여문 시간들의 파편,
정수리에 어깨에 가슴 한가운데에
신열이 돋는다.
깊숙이 박히는 화살촉에서
타다 남은 시간의 煩熱이 솟구쳐 오른다.
화살이 빗발칠수록
하얗게 재가 되어 산화하는 시간들,
온몸으로 화살을 맞고 고슴도치가 되더라도
속은 후련하다.
물든 낙엽처럼 홀가분하다.

영정 하나 놓고

– 어느 베이비부머의 최후

사십 오도 언덕배기에 웅크리고 앉아 있는
건물 옆구리로 난 길, 구불구불한 샛길을
오르내리며 밥벌이에 전념하던 한 사내
가진 거라곤 곧추선 다리와 통뼈 팔뚝뿐
내세울 건 없지만 곧은 심지 하나 갖추고 살았다네.
비방 중상모략 흑색선전이 난무한 선거에도 착실히 투표하고
식솔 끼니는 부족해도 꼬박꼬박 세금은 완납했다네.
많이 배우진 못했어도 위 아래 섬길 줄 알고
더불어 사는 법도 솔선했다네.
의무보다 권리가 득세하는 세상에서
양심 하나로 굳건히 살아남았고
아무리 바빠도 이웃 애경사는 챙겼다네.
지극히 평범했던 한 사내
갑오년 유월 초아흐렛날 새벽 출근길에
입장 교차로 길바닥에서 훨훨 떠났다네.
단국대학교병원 영안실 한켠에
빙긋 웃는 영정 하나 놓고 떠났다네.
언제쯤 저 미소가 제 목소리를 낼지….

꿈 한차

새벽 네시 반, 출근차량을 몰고 시내를 한 바퀴 돈다.
동에서 한분 서에서 한분 골목을 돌아 남에서 몇분
직진하여 북에서 몇 분, 출근자를 태운다.
하품이 만차다.
꼭두새벽, 신호등 몇 개 건너는 동안
하품들이 꼬물꼬물 몸 풀기 시작한다.
신기하게도, 뽀얗게 생기가 돋는다.
회사를 향해 오는 동안
꿈이 한차다.
꿈이 부푸는 동안 해가 뜨기 시작한다.
갓난 핏덩이 같은 해다.
눈망울이 총총하다, 씩씩한 하루를 위하여
내딛는 걸음에 힘이 실렸다.
행복하다, 오늘도 꿈 한차 싣고 왔다.

뻔했다

다행이다.
1970년대 중반 유신정권 시절
끗발 좋기로 소문난 검찰사무직
시험에 합격했더라면
오만 방자한 생을 살 뻔했다.
다행이다.
군 훈련소에서 자대 배치 받을 때
공수특전사령부에 차출되지 않았더라면
세상 다 편한 줄 착각하고 살 뻔했다.
다행이다.
농협에 빚을 지지 않았더라면
지중해 연안 미슈라타에서 외화벌이를
하지 못할 뻔했다. 클레오파트라 궁전도
구경 못할 뻔했다.
천만 다행이다.
2010년 위암에 걸리지 않았더라면
건강 자만하여 함부로 살 뻔했다.
하늘 무서운 줄 모르고 살 뻔했다.

동문서답

오랜만에 친구에게 전화를 했다.
긴 신호음 뒤에 전화를 받는다.
- 아무개입니다. 어디시죠?
- 나야, 나.
통화음이 끊기다 이어지다 소통이 안되다가
가까스로 나를 알아보았다.
- 나, 전철인데 한양 다녀오는 길이야.
그러면서 내 안부를 묻는다.
- 그동안 잘 지냈어?
- 죽지 못해 살지 뭐.
- 다행이네. 건강은 어떻고?
- 맨날 약 달고 살지 뭐.
- 잘 됐네. 그만하면.
감출 것 없이 털어놓는 내게 친구는
본인 잣대로 내 근황을 단정 짓는다.
동문서답이지만 다행이다.
신통치 않았지만 오늘 그런대로
두 발로 거리를 활보했으니….

달리는 전철의 이어진 객차처럼 오늘 하루
세월의 열차에 잘 덧붙여 놨으니….

영숙씨의 하루

새벽 4시 50분
영숙씨는 칼출근을 합니다.
냇물이 강물이 되기 위하여
매무새 다잡고
해 뜨는 곳으로 출근을 합니다.
그녀는 병원 식당 조리장입니다.
많은 아픈 이들과 그들을 돌보는 이들을 위하여
성심껏 음식을 장만합니다.
가정식 백반처럼 모두의 입맛을 챙기는
음식 간을 맞추는데 달인인 그녀는
사람 사이 간을 맞추는 데에도 달인입니다.
모나지 않은 성품으로 이웃을 잘 포용하는
척박한 세상살이에서도 살맛나게 하는
왈 현부입니다.
신념으로 매무새를 여미는 그녀는
칼퇴근을 하지 않습니다.
강물이 바다가 되기 위하여,

골다공증

등 푸른 생선 같던 시절이
언제였던가!
석회질 같은 하루가 지나고
굳어버린 관절에서 부러지는
시간의 소리를 듣는다.
물렁뼈였던 아침이 저녁에는
툭 치면 부러질 석고로 굳어
걷기조차 부담스럽다.
삼천갑자 동방삭도 피해가지 못한
치유불능,
시간의 골다공증!

떡

1. 참 고단한 하루였다.
이리 짓찧이고 저리 짓찧이고
갑의 절구공이에 뭇매 맞은 삭신
늘어져 누울 곳을 찾는다.
파김치가 된 몸에서 쉰내가 난다.
실컷 치댄 반죽처럼 끈적끈적한 하루가
윗목에 누워있다.
신기하다.
떡은 사람이 될 수 없지만
사람은 떡이 될 수 있구나
참, 신묘한 하루였다.

2. 볼기가 떡이 되도록 매품 팔아
식솔을 먹여 살린 조선사내 하나가
건널목을 건너고 있다.
낯이 익다.
죄지은 갑은 유전무죄.
매품 파는 을은 무전유죄.
죄에 눌린 어깨가 가로등 밑을 지나고 있다.

엘이디로 무장한 가로등은

낯빛 하나 변하지 않고 있다.

大地의 바다, 內浦

산이 바다를 품었노라.
산이 바다를 품어 들을 낳았노라.
예당평야 넓은 가슴에 삽교천이 흐르고
삽교천 너른 품에 무한천 곡교천
남원천이 깃들어 숨 쉬나니
대저 충청인의 生居地로세.
천섬 만섬 귀한 알곡들
온유한 백성 충청인의 일용할 양식이로세.
가야산 굳건한 어깨와 용봉산의 뚝심
저 오서산 팔뚝의 힘줄이 펄떡이는 곳
內浦의 힘찬 호흡이 고동치는도다
쉼 없이 용솟음치는 內浦의 生氣가
온누리 만방에 널리 떨칠진저!

아들아,

아들아, 잘 먹고 잘 살자
감기조차 얼씬 못하도록 건강하게 잘 살자
아들아, 먹은 만큼 열심히 일하자
흘린 땀방울이 양식이요 옷이며 누울 자리임을
명심 또 명심하자
비가 오거든 도랑치고 가재 잡자
아무 돌이나 들추지 말고
먹을 만큼만 잡자
도랑물 허투로 말고 물꼬 제대로 보자
아들아, 공들여 잘 살자
있는 재주 없는 재주 깜냥껏 잘 버무려
벽돌 쌓듯 매사에 야무지자
데면데면 허송세월하지 말고
오지게 짬지게 잘 살자
작은 것부터 소중히 여기고
주어진 일마다 찬찬하게 공들이자.

5부

까치밥이 사라졌다.

감쪽같이 사라졌다.

2012 冬至

팥죽을 먹는다.

컴컴한 어둠, 무딘 감각의 곁나이를 먹는다.

다듬이 소리 잦아지고 홑청이 하얗게 질리는 동안

노루꼬리만한 해가 서산 솔가지에 걸쳐 파르르 떨고 있다.

올해도 별수 없이

옹심이 없는 식은 팥죽을 먹는다.

씨알을 도둑맞았다

인간의 餘地,
까치밥이 사라졌다.
감쪽같이 사라졌다.

콩밭에서 콩이 나지 않는다.
팥 심은 데서 팥이 나지 않는다.
사람 몫이 사라졌다.

씨 뿌리는 자는 한결같이 포기당 세알씩 묻어둔다. 한 알은 하늘의 새가 먹고 또 한 알은 땅속 벌레가 먹고 나머지 한 알은 씨알이 되어 풍성한 열매로 사람 몫이 된다.

법 없이도 살 사람들이 법으로 지켜온
상생의 餘地,
누대로 지켜온 씨알을 도둑맞았다.

보리밥

좀생이별 살짝 흰 이 드러내는 저녁
보리밥 앞에 놓고 복에 겹다.
온종일 땡볕에서 흘린 땀방울만큼
구수한 된장국, 열무김치, 갖은 나물 풍성하다.

'주린 자의 음식이니라' 보리밥이 그랬다.

통통 불어 탱탱해진 하루
열 몇 시간 곡진했던 일상이
갖은 양념으로 버무려져 오감을 완성했다.
그래서 보리밥은 쌀밥보다 맛나다.

거울

세상에 거울이 참 많습니다.
맑은 거울 흐린 거울
깨지는 거울 깨지지 않는 거울
무형인 거울 유형인 거울
눈을 떠야 보이는 거울이 있고
눈감고도 보이는 거울이 있습니다.
맺힌 가슴으로는 결코 볼 수 없고
가슴을 열어야 보이는 거울이 있습니다.
이 모든 것 두루 초월한
불멸의 거울,
성거산 줄무덤에 있습니다.
저 십자가의 길에서
베로니카의 수건에 묻어난
예수님의 얼굴과도 같은.

해가 바뀌었다

해가 바뀌었다.
새해가 밝았다.
시간은 무중력 속에 있고
삶은 이차원 속에서 아침밥을 굶고
출근 준비를 한다.
상습 교통체증, 주차장이 된 도로에서
한 발짝씩 밀고 나간다.
삼차원의 직장 속에서
종종걸음 놓다가 자장면 한 그릇으로 점심을 때우고
빼근한 오후를 버티다가
'이반데니소비치의 하루'를 읽으며
퇴근을 한다.

夏至 무렵

사흘 한나절 마늘을 깠다.
흘린 피처럼 끈적거리는
생마늘 진액이 아리다.
손에 불이난다 하지 볕보다 더한
신열이 오른다.
손가락에 물집이 잡혔다.
왼손 검지에 마늘만한 아린
낮달이 들어앉았다.

-신화 속에서 걸어 나온 낮달이
어둑한 내 속내를 꿰뚫고 있다.

맞다 나는 곰이다.
삼 십여년 함께 살아온 아내의
깊은 속내도 읽지 못하고
자식들의 이유 있는 투정도
제대로 간파하지 못했다.

찬밥에 마늘장아찌 먹고
개똥쑥물을 마셨다.
사흘 한나절만큼 사람노릇 했다.

和解

山頂에 앉아 눈을 감고 쏟아지는
빛의 소리를 듣는다.
바람결에 실려오는 빛의 음성을 듣는다.
내가 없는 곳에서 내게 달려오는
빛의 발자국 소리를 듣는다.

산밑에서 지내는 동안 빛을 잃었다.
밤낮으로 내달리는 차들의 헤드라이트 불빛
먼지 회오리, 경적소리, 끼이익 급브레이크 밟는 소리
밤낮 없이 바쁘게 내닫는 사람들의
발자국 소리, 떠드는 소리, 고함지르며 다투는 소리
산밑에서 빛은 빛을 잃었다.

막힌 혈관의 소통을 위해 산을 올랐다.
산을 오르는 동안 나뭇잎 사이로
조금씩 빛이 보이기 시작했다.
산은 아직 건강했다.
단전호흡을 하면서 빛을 잃지 않고 있었다.

山頂에 앉아 고른 빛의 숨소리를 듣는다.
조용히 감싸오는 빛의 진언을
귀담아 듣는다.
잃어버린 시간으로부터 내게 달려오는
빛의 발자국 소리를 새겨듣는다.

신은 우리에게

신은 우리에게
시련을 통하여 지혜를
환란을 통하여 평화를
고통을 통하여 희열을
빈곤을 통하여 풍요를
평범을 통하여 비범을
고난을 통하여 진리를
좌절을 통하여 희망을
이별을 통하여 참 사랑을
깨닫게 해준다.

공중화장실에서

때 절은 변기에 볼일 보다가
더께진 지린내와 만났다.
거쳐 간 무수한 이들이 쌓아온
지독한 지린내의 석회탑
고농도의 염산으로나 간신히 지울
배뇨탑 앞에서, 찰나
많은 생각을 했다.
참 많이도 다녀갔구나.
많이도 버렸구나, 시원했겠다!
공중화장실이니 무차별 평등했겠지?
오줌 눌 때 갑을 벽은 어찌 되었을까?
갑은 동쪽 보고 을은 서쪽 볼까?
을이 동쪽 보고 갑이 서쪽 볼까? 둘 다 앞만 볼까?
앞만 보고 살아온 이들이 배설한
이유 있는 지린내 앞에서, 나도
속 끓여온 지린내 작심하고 분출했다.

퇴직 1

퇴직 후 하는 일이라는 게
뒷동산에 오르거나
집밥 축내는 일
별 볼일 없이 기웃거리는 일
한적한 골목길을 서성거리거나
외진 데서 눈감고 앉아 있는 일
지레 주눅 드는 일

비늘 떨어진 생선과도 같은….

신선도가 떨어진 하루
꽁꽁 짊어지고 가는 일
지청구를 먹어도 국으로 지내는 일
딱히 할 일도 없으면서 바쁜 척 사는 일
세상이 뭐라고 해도 바삐바삐 사는 일
더는 물간 생선이 되지 않는 일
퇴직 후 하는 일이라는 게.

퇴직 2

– 재취업 신청서

십년 만에 새장 속에서 풀려났습니다. 십년 동안 내 자유는 새장 밖에 있었습니다. 새장 속에 갇혀 지내는 동안 군말 없이 시키는대로 했습니다. 일요일도 일하라면 일하고 국경일도 일하라면 일했습니다. 새장 밖에서는 주 오일제 근무였지만 새장 안에서는 공휴일도 휴가도 그림의 떡이었습니다. 하지만 열심히 일했습니다. 새장 밖으로 나오는 날 내 자유와의 벅찬 만남을 위하여. 그렇게 나는 내 자유를 만났습니다. 기쁘고 반가웠습니다. 그러나 내 자유는 무반응 이었습니다. 감각이 없었습니다. 아, 내 자유는 내가 새장 속에 갇혀 지내는 동안 化石이 되어 있었습니다. 무감각 무반응의 형체만 남은 내 자유의 化石 앞에서 어찌 해야 될지 갈피를 잡을 수 없습니다. 다시 새장 속으로 돌아갈 수도 없습니다. 이미 죽지의 기능을 상실했기 때문입니다. 새장 밖에도 새장 안에도 내게 모이를 주는 이는 없습니다. 바라옵건대, 내게 내 자유를 찾아 주십시오. 化石이 아닌 예전의 내 자유를!

- 고용노동부장관 귀중

퇴직 3

— 새, 여기 있습니다

그 때 그 새 여기 있습니다.
잘 보이진 않지만
구석 깊이 웅크리고 있지만
펄펄 날던 새 여기 있습니다.
큰 길에서 찾지 마십시오
후미지고 좁은 골목에서 찾으십시오
멀리 날 수는 없지만
시력은 무한대입니다.
앉아 만리를 보고 서서 우주를 살핍니다.
묵은 관솔이지만 화력은 최첨단입니다.
건강은 염려 마십시오
살아온 세월이 강철 면역력입니다.
바쁘시더라도 부디
그 때 그 새 다시 날게 해주십시오!

기침

나흘만도 못한 넉달을 보내고 나니
스멀스멀 궁끼가 옆구리를 지나
등허리를 기어오른다.
휑한 주머니 속으로 늦가을 서리가 내리고
반기던 얼굴들마저 하나 둘 멀어져간다.
피곤하다 함부로 내색할 수도 없다.
늘어져 자고나도 잔 것 같지 않다.
맥 놓고 앉아 있는 사이
입에서 삼십 년 전 돌아가신
아버지의 바튼 기침이
장대비로 쏟아져 내린다.

별이 빛나는 밤에

깊은 가을밤 비가 내린다.
캄캄한 어둠 속에서 손이 시렵다.
별빛이 그립다.
몸 떨리게 비 내리는 이 밤에도
별은 빛나겠지?
어둠 저편에서 빛나고 있겠지?
여전히 별빛은 따뜻하겠지?
한겨울에 더 따스했던 별빛!
별빛이 그립다.
비에 젖어 밤이 깊어간다.
손이 시렵다.
발이 시렵다.
손발이 저려온다.
별이 빛나는 이 밤에.

獨酌

일 없는 사내가 미안해서
쌀을 씻었지
찰보리쌀을 씻었지
찰현미도 씻었지
고명으로 풋방콩 한줌 올려 놓았지
손등 넘지 않게 물을 맞추고
밥 한 솥 잘 앉혔지
밥이 되는 동안
막걸리 한 사발 준비했지
일 많은 여인에게 한마디 던졌지
부부는 탁배기야, 한잔 드시게!
혼잣말로.

연장 창고

수년만의 서울나들이 길에
인사동 골목에 들렀다.
친구와 술 한 잔 하다가 소피가 마려워
뒷간을 물었더니 뒤쪽으로 가보란다.
좁은 골목 뒤곁, 화장실은 없고
널빤지에 궁체로 갈겨 쓴
'연장 창고'
거창한 문패가 보인다.
하기사, 세상엔 별의 별 연장이 많으니
창고도 지어야겠지
길거리에 함부로 나다니지 않도록
쉼터도 필요했겠지
급히 들어가 팽창한 욕구를 방출했다.
볼 일 보고나니 기세등등 혈기는 간 데 없고
맥없이 축 늘어진다.
누가 볼까 민망하여 슬그머니
연장 챙겨 빠져나왔다, '연장창고'

굴렁쇠

참, 많이도 돌았다.
돌아야 사는 목숨,
胎生이 地球를 닮아
멈추면 죽은 목숨,
해돋이에서 해넘이까지
한甲子 그렇게 살았다.
한 바퀴 한 바퀴 돌면서
세상 이치 배우고
天命을 깨우쳤다.
돌고 돌아온 이 자리
다시 시작이다.

고추 寫眞

한갓진 마당에 고추가 잘 마르고 있다.

갈볕이 세살박이 웃음처럼 해맑은 오후
삼복 땡볕에서 빨갛게 통통 살 오른
고추 한 섬 밀짚방석에 큰 대자로 누워
방긋방긋 잘 마르고 있다.

갈볕에 고추가 발갛게 得道하는 동안

흑백사진 속에서 사내아이 하나가
배냇저고리 밑으로 아랫도리를 다 개방하고
방싯방싯 웃고 있다.
여봐란 듯 한껏 고추를 드러내놓고.

한갓진 마당에서 갈볕이 저물어가는 동안

어둑한 마당에 한 사내가 서있다.
잎 떨군 은행나무처럼 서서

바지 깊숙이 고추를 묻어놓고
흑백사진 속으로 들어가고 있다.

(전설이 되었지만 우리 부모님들은 흑백사진 속의 고추를 좋아하셨다. 못생긴 희나리고추까지도 좋아하셨다.)

하늘에 뿌리 둔 나무

이병석 시집

발 행 일 | 2018년 5월 20일
지 은 이 | 李炳錫
발 행 인 | 李憲錫
발 행 처 | 오늘의문학사
출판등록 | 제55호(1993년 6월 23일)
주 소 | 대전광역시 동구 대전로 867번길 52(한밭오피스텔 401호)
전화번호 | (042)624-2980
팩시밀리 | (042)628-2983
전자우편 | hs2980@hanmail.net
카 페 | cafe.daum.net/gljang(문학사랑 글짱들)
cafe.daum.net/art-i-ma(아트매거진)

공 급 처 | 한국출판협동조합
주문전화 | (070)7119-1752
팩시밀리 | (031)944-8234~6

ISBN 978-89-5669-914-1
값 9,000원

* 이 책은 충청남도와 충남문화재단에서 지원금을 지원받았습니다.
* 이 책은 교보문고에서 E-Book(전자책)으로 제작 · 판매합니다.